EL JUEGO
DEL AHORA

© 2022 by Elisenda Pallàs y Joost Scharrenberg

© de la edición en castellano:
2022 by Editorial Kairós, S.A.
www.editorialkairos.com

Fotocomposición: Grafime Digital, S. L. 08027 Barcelona
Impresión y encuadernación: Índice. 08040 Barcelona
Ilustraciones: Miguel Herranz

Primera edición: Octubre 2022
ISBN: 978-84-1121-054-6
Depósito legal: B 10.713-2022

Todos los derechos reservados.
Cualquier forma de reproducción, distribución, comunicación
pública o transformación de esta obra solo puede ser realizada
con la autorización de sus titulares, salvo excepción prevista por
la ley. Diríjase a CEDRO (Centro Español de Derechos
Reprográficos, www.cedro.org) si necesita algún fragmento de esta obra.

Elisenda Pallàs -
Joost Scharrenberg

EL
JUEGO
DEL AHORA

INCLUYE 30 CARTAS DIDÁCTICAS

ÍNDICE

Introducción 9

¿Qué pasa ahora? 10

1. Mindfulness 13

«La vida es lo que pasa mientras estás haciendo otras cosas» 13; La plasticidad del cerebro 15; Cuatro pasos para estar presente 15; Las cuatro áreas de mindfulness 17; Beneficios del mindfulness 18

2. Yoga 21

Un poco de historia 21; Beneficios de la práctica de yoga 23; Yoga desde la perspectiva del mindfulness 24

3. Comenzar por uno mismo 29

Los niños aprenden por imitación 30; Autenticidad 33; Experimentar con las cartas previamente 34; A observar se aprende observando 35; Paciencia, confianza y humor 37; Lleva el mindfulness a la vida cotidiana 38

4. El juego 41

Descripción de las cartas de yoga 43; Descripción de las cartas de pausa 44; Cómo jugar 44; Otros usos de las cartas 48

5. Distintos ámbitos de uso 51

Jugar en casa 51; Jugar en el aula 53; Jugar en la consulta 56

6. Posturas de yoga y preparación 59

Antes de comenzar 59; La importancia de calentar 60; Diferentes tipos de posturas 63; Yoga y respiración 66; Las posturas de las cartas en detalle 68

7. Aprender a preguntar y a escuchar 95

Aprender a escuchar 96; Acompañar sin forzar ni dirigir 98; Respiración, cuerpo y movimiento 100; Palabras destacadas 102; Pensamientos 102; Emociones 104; Conexión y amabilidad 105; Minijuegos 106; Presentación del tema 106

8. «Tus hijos no son tus hijos» 109

9. Comunidad *El juego del ahora* 113

Sobre los autores 115

Recursos 117

Agradecimientos 119

INTRODUCCIÓN

ESTE LIBRO Y EL JUEGO que lo acompaña te ayudarán a empezar a enfocarte en el momento presente en tu día a día, en cómo te sientes, lo que necesitas para cuidarte y para conocerte mejor.

Las cartas de *El juego del ahora*, mediante juegos de atención, mindfulness y yoga, invitan a la autoexploración: *¿Cómo me encuentro ahora? ¿Quién soy realmente? ¿Cómo funciono internamente? ¿Cuál es mi propósito?*

En este libro te enseñamos a usar el juego y te explicamos cómo acompañar a los niños y jóvenes en el viaje de conocerse, ya seas madre o padre, docente, psicólogo o terapeuta.

Para vivir el momento y no perder cosas muy valiosas en nuestras vidas, puede ser útil preguntarse frecuentemente…

¿Qué pasa ahora?

- Cuando me despierto por la mañana.
- Cuando preparo mi desayuno y luego lo disfruto.
- Cuando me dirijo al colegio, a mi trabajo o a otro lugar.
- Cuando mi hijo me habla sobre cosas que son importantes para él.
- Cuando hago alguna actividad creativa (música, pintar, escribir, bailar…).
- Cuando me permito no hacer nada y me siento un rato en silencio.
- Cuando mi cuerpo me habla y me envía señales que son importantes.
- Cuando surge una emoción intensa que me genera malestar.
- Cuando quiero comprar cosas que en realidad no necesito.
- Cuando por fin estoy relajándome y cuidándome.
- Cuando contemplo esta preciosa puesta de sol.

- Cuando me dan una noticia desagradable.
- Cuando paseo por el bosque o la montaña.
- Cuando estoy entrenando mi cuerpo, haciendo deporte o ejercicio.
- Cuando comparto con otra persona cosas que son importantes para mí.
- Cuando soy amable y generoso con los demás…
- … ¡y muchas cosas más!

1

MINDFULNESS

MINDFULNESS ES PRESTAR atención al momento presente con interés, curiosidad y aceptación.

«La vida es lo que pasa mientras estás haciendo otras cosas»

Si observas atentamente, puedes darte cuenta de la cantidad de veces que funcionas en modo automático. Empiezas a hacer cualquier cosa y de pronto notas que estás pensando en lo que va a pasar más tarde o recordando lo que ocurrió antes. Quizás alguna preocupación o una idea brillante aparece de repente y roba toda tu atención. También puede ser que la intensidad de tu estado emocional te impida concentrarte en lo que estás haciendo o que tu cuerpo te esté dando señales de malestar y quedes atrapado en esas sensaciones, desconectándote de lo que está pasando justo ahora.

Mindfulness significa prestar atención al momento presente con interés, curiosidad y aceptación. Es decir, estar conscientemente aquí, en lo que estás haciendo, con todos tus sentidos. Consciente de los hechos y también de tu cuerpo, de tus emociones, de tus pensamientos y de que lo haces con todo ello.

Cuando estamos más presentes en nuestra propia vida, podemos cuidarnos mejor y cuidar a los demás. Tenemos más claridad para tomar decisiones adecuadas, aumentar la creatividad y la productividad y podemos agradecer y disfrutar con plenitud de todos los momentos maravillosos que ocurren constantemente, sin que nos demos cuenta. De esta manera, el mindfulness se convierte en una manera de vivir, más que en un objetivo que alcanzar: cada momento es una oportunidad para estar aquí.

La plasticidad del cerebro

No es tan fácil estar aquí en lo que estás haciendo. La buena noticia es que, mediante prácticas sencillas, uno puede reforzar su voluntad de estar presente. En nuestro cerebro, existen áreas con plasticidad (áreas de la atención, la amabilidad, la visión positiva y la resiliencia) en las que, con el entrenamiento adecuado, se refuerzan las conexiones neuronales y con ellas las habilidades relacionadas.

De la misma forma en que ejercitamos un músculo, también el mindfulness necesita una práctica regular (a ser posible diaria), paciencia y tiempo; funciona por la repetición de una serie de ejercicios basados en la respiración, la atención, la meditación, la consciencia corporal y la amabilidad.

Cuatro pasos para estar presente

El primer paso para volver con tu atención a este momento es hacer una **pausa**. Darte cuenta de que te has distraído y tener la intención de regresar, durante el tiempo que te sea posible, a enfocarte en lo que está pasando.

Te puede ayudar en este propósito poner tu atención en la **respiración**, porque se da en el presente, al igual que los sentidos. Cuando estás conscientemente en contacto con tu respiración, tú también estás aquí y ahora.

Cuanto más tiempo estás aquí, más fácil es tomar distancia y **observar** tus pensamientos, emociones, sensaciones corporales y conductas tal y como son, desarrollando nuevas maneras de relacionarte con ellas, mediante el cultivo de la paciencia, la aceptación, el soltar y la amabilidad.

Así, también resulta más sencillo **actuar** consciente y amablemente, respondiendo a lo que ocurre, en lugar de reaccionando a ello.

Podemos resumir este proceso de cuatro pasos en un acrónimo: **PROA**.

Parar
Respirar
Observar
Actuar

La consecuencia de la práctica de mindfulness es que empiezas a aplicar la atención en las actividades del día a día, en tu forma de relacionarte y en las decisiones que tomas. Comienzas a estar en tu vida con consciencia para no perder nada de lo que ocurre.

Las cuatro áreas de mindfulness

Los programas de mindfulness suelen sostenerse en la observación de estas cuatro áreas:

- La mente y sus procesos: atención, concentración, memoria, pensamientos, no identificación.
- La inteligencia emocional: reconocer y aceptar las emociones, regular la respuesta emocional, empatía.
- La consciencia corporal: la respiración, el conocimiento del propio cuerpo y sus límites, identificar y atender las señales del cuerpo, cuidarse.
- La amabilidad: tratar(se) con cariño, conexión con uno mismo y con los demás, incluyendo la naturaleza y el medioambiente, agradecimiento.

De igual modo que ocurre con otros aprendizajes, la mejor manera de enseñar a los niños en qué consiste el mindfulness es viviendo tu vida con atención. No hace falta ser un experto, sino ofrecerles un ejemplo de presencia en la vida cotidiana.

Beneficios del mindfulness

Desde 1979 se está estudiando el impacto de las prácticas sostenidas de mindfulness en la salud física y mental. Los tres principales beneficios que corrobora la evidencia científica son:

1. Mejora la atención y fortalece los hábitos de concentración.
2. Reduce la reactividad cerebral al estrés.
3. Aumenta la compasión y la empatía.

Los estudios sobre los efectos en la población infantil y juvenil están en pleno desarrollo, aunque las familias y las escuelas donde impartimos programas de mindfulness suelen observar en los niños y adolescentes los siguientes beneficios de la práctica continuada:

- Mejora la atención, la capacidad de concentración y la memoria.
- Las relaciones mejoran y se incrementa la empatía.
- Facilita la gestión y la comunicación de las emociones.
- Desarrolla el autoconocimiento y el hacerse responsable de las conductas.
- Rebaja el nivel de ansiedad y estrés (por ejemplo, por pruebas y tareas escolares).
- Aumenta la capacidad de relajación y los niños duermen mejor.
- Aumenta la confianza en sí mismo.

Existen abundantes recursos de mindfulness, pero la mejor manera de aprender es lo que puedes experimentar por ti mismo. Y para eso hemos creado este juego.

¡COMIENZA A JUGAR AHORA!

2

YOGA

TENER CONSCIENCIA DEL PROPIO CUERPO, sus límites y sus necesidades facilita el cuidarnos mejor y vivir más saludablemente. Una manera de crear esta consciencia es con la práctica del yoga.

Un poco de historia

El yoga es una disciplina tradicional que se originó en la India hace más de 5.000 años. Se enfoca en cultivar el bienestar, la salud general y la plenitud, a través de la práctica de posturas físicas, ejercicios de respiración y meditación.

No fue hasta 1950 cuando maestros reconocidos de la India como Iyengar, Swami Sivananda o Yogi Bhajan empezaron a difundir el yoga en Occidente con una gran aceptación. Ramiro Calle es un maestro de yoga y escritor español que ayudó a popularizar el yoga en España.

Existen diferentes tipos de yoga y cada modalidad se enfoca en un objetivo concreto. Algunos de los más conocidos son:

- Hatha yoga: se enfoca en fortalecer los músculos y el cuerpo. Es la forma de yoga más común y divulgada.
- Yin yoga: es una forma de yoga más tranquila que se centra en flexibilizar el cuerpo, más que en fortalecerlo.
- Vinyasa yoga: es una forma de yoga más dinámica y sin pausas entre posiciones. Se busca la intensidad. No hay secuencias fijas de posturas.
- Kundalini yoga: se concede gran importancia a la repetición de ejercicios en un orden determinado. Se practican regularmente meditaciones y se cantan mantras.

Beneficios de la práctica de yoga

La práctica regular de yoga aporta beneficios tanto para el cuerpo como para la mente.

Beneficios para el cuerpo:

- Fortalece el sistema inmunológico.
- Mejora la capacidad respiratoria.
- Fortalece huesos y músculos y aumenta la flexibilidad de las articulaciones.
- Aumenta la elasticidad y alivia las tensiones musculares.
- Mejora la postura corporal, aliviando o evitando dolores crónicos.
- Fortalece el sistema nervioso, reduciendo la presión arterial y la frecuencia cardíaca.
- Ayuda a mejorar la digestión.
- Quema calorías y ayuda a adelgazar.
- Aumenta el equilibrio y la consciencia corporal.

Beneficios para la mente:

- Reduce la ansiedad y el estrés.
- Ayuda a relajarse y a dormir mejor.

- Aumenta la confianza en uno mismo.
- Ayuda a mejorar la concentración.
- Aumenta la claridad mental y a ver los problemas desde otra perspectiva.

Yoga desde la perspectiva del mindfulness

Desde la perspectiva del mindfulness, la práctica del yoga se centra en tomar consciencia del cuerpo y de las sensaciones corporales, en el momento en que ocurren y tal y como ocurren, incluso cuando aparecen limitaciones físicas o dolor. También en la vida cotidiana, poner atención al cuerpo en movimiento, nos ayuda a darnos cuenta de nuestros límites y a cuidarnos mejor.

Durante la sesión de yoga es probable que experimentemos todo tipo de distracciones, que nos alejan de la experiencia del momento: sonidos, olores o algo que se ve, pensamientos y emociones de todo tipo... Cada vez que esto ocurre y nos damos cuenta, volveremos a centrarnos en el cuerpo y en las sensaciones con paciencia y amabilidad.

La repetición de las posturas corporales nos permite centrarnos en potenciar el desarrollo de:

- La coordinación consciente y voluntaria del movimiento, entrenando la atención, la concentración y la memoria.
- La capacidad para percibir las sensaciones internas del cuerpo nos ayuda a tomar medidas de autocuidado y a identificar las emociones.
- La consciencia del espacio que ocupa el cuerpo y cada una de sus partes en relación con el entorno hace que nos relacionemos adecuadamente con el espacio y con otros seres con seguridad y respeto.

La respiración tiene un papel muy importante cuando practicas las posturas en el yoga. Ser consciente te ayudará a estar presente aquí y ahora, mientras ejecutas los ejercicios, facilitando la toma de consciencia de las sensaciones del cuerpo y sus límites.

Puesto que el mindfulness consiste en darse cuenta de lo que ocurre en cada momento con curiosidad y aceptación, proponemos un primer contacto de los niños con el yoga, practicado sin excesivo rigor o seriedad para que aprendan a relacionarse con su cuerpo de una manera atenta, divertida, amable y sin exigencias. Asimismo, los jóvenes y los adultos pueden explorar varios tipos de yoga y elegir aquel con el que mejor se identifiquen.

Divertirse y experimentar

En el aula, en la consulta o en casa, se pueden tomar las posturas de yoga como un juego y una oportunidad para soltar la tensión acumulada durante el día. Por lo tanto, excepto que puedan hacerse daño o molestar a los otros jugadores, no hace falta centrarse en corregir la postura. No importa que lo que hace el niño no sea exactamente como indica el dibujo, porque hay que darle espacio para experimentar. Con paciencia y repetición irán, poco a poco, integrando naturalmente los movimientos.

Es importante evitar comparaciones con respecto a la flexibilidad, la agilidad o la corrección de las posiciones. Se pueden plantear las sesiones como una experiencia inclusiva y cooperativa: todos tenemos distintas habilidades y podemos aprender a desarrollarlas juntos.

Los niños suelen entender bien las posturas de las cartas de yoga, pues son muy intuitivas y normalmente fáciles de realizar para ellos. En cuanto a los adultos, es importante tomarte el tiempo para leer las descripciones de las posturas de yoga que encontrarás más adelante y recordar no forzar el cuerpo.

Puedes proponer, sin imponerlo, que los niños cierren los ojos en algunos ejercicios.

Otros consejos prácticos

El lugar: crear un espacio agradable y tranquilo. Cuantos menos estímulos haya, mejor.

El momento: no es recomendable practicar yoga cerca de una comida o justo antes de acostarse.

El equipo: la ropa ideal es amplia, ligera y cómoda. Si la temperatura lo permite, los ejercicios se pueden hacer descalzos y, si no, con calcetines.

Hay 24 cartas con posturas de yoga, 4 cartas de pausa y 2 cartas con instrucciones adicionales. Te proponemos mirar ahora las cartas por primera vez.

¡COMIENZA A JUGAR AHORA!

3
COMENZAR POR UNO MISMO

LAS PERSONAS QUE ASISTEN a nuestros cursos de mindfulness para familias y entornos educativos no siempre tienen experiencia meditativa, pero todos comparten una fuerte motivación: aprender nuevas formas para llevar bienestar a la vida de sus hijos, alumnos o pacientes. Bienestar para su mente estresada o dispersa, para su cuerpo cansado o agitado, para su corazón sensible o desbordado en un mundo veloz, multitarea y exigente con pocas oportunidades para ser, simplemente, niños.

Antes de comenzar a hablar de los niños, invitamos a los participantes a responderse unas preguntas:

- ¿Cuál es tu grado de bienestar actualmente?
- ¿Cómo cuidas de tu cuerpo, de tu corazón, de tu mente, de tus relaciones?
- ¿Cómo cultivas la calma y la confianza?
- ¿Con qué frecuencia te permites ser, simplemente, tú mismo?

Muchos no se han hecho estas preguntas anteriormente y la mayoría expresan dificultades para escuchar, identificar, aceptar y atender sus necesidades, para respetar sus límites o para confiar en sí mismos.

Los niños aprenden por imitación

Los niños aprenden de sus adultos de referencia por imitación. Están realmente atentos a nuestra conducta y se dan cuenta enseguida de si nuestras acciones y nuestro mensaje no concuerdan.

En el caso del mindfulness, no es muy distinto. Queremos que aprendan a concentrarse, a recordar, a reconocer y a regular las emociones, a mantener la calma, a no dar tantas vueltas a las cosas ni tomárselas tan a pecho, a ser pacientes, confiados y amables, a que duerman suficiente y se alimenten saludablemente... Para ello, les proponemos que dediquen un ratito cada día a respirar, meditar, practicar yoga, que nos hablen de sus emociones y se hagan responsables de su conducta.

Por un momento, ponte en el lugar de tus hijos o alumnos e imagina cómo sería tener que cumplir estos deseos y expectativas de tu familia o maestro. ¿Cómo te sentirías? ¿Qué pensarías? Ahora toma el tiempo necesario para darte cuenta de cuántas de estas cosas que les pides puedes hacer tú, como adulto, actualmente ¿Estarías dispuesto a seguir el mismo «entrenamiento» que les propones a ellos?

Cuando les pedimos a los niños que hagan cosas que nosotros no somos capaces de hacer, las propuestas de mindfulness que les ofrecemos suelen convertirse en experiencias anecdóticas («aquello que hicimos el curso anterior») o quedan restringidas a situaciones concretas en el entorno escolar (calmarse tras regresar del recreo), familiar (relajarse para dormir mejor) o terapéutico (estrategia de afrontamiento de la ansiedad).

Como hemos visto antes, el mindfulness trata de estar en el mundo de una manera determinada: consciente, abierta, flexible, amable y en equilibrio. Cuando naturalmente actuamos con atención y amabilidad, les mostramos en la práctica cómo llevar el mindfulness a cualquier momento y situación de la vida.

La falta de consciencia sobre nuestro funcionamiento interno es un obstáculo para ser un buen guía para los niños, porque no es posible enseñar lo que no se conoce. Entonces, ¿qué ocurre si no tienes experiencia con mindfulness y deseas que los niños lo aprendan?

Si tu experiencia con mindfulness es anecdótica o a través de lecturas, puedes decidir ampliar este deseo de bienestar para ti mismo y aprender al mismo ritmo que ellos.

Este juego consiste, justamente, en aprender a prestar atención de una manera relajada, lúdica y compartida dentro de un entorno informal y seguro. Todo lo que necesitas es curiosidad y apertura para aprender a mirar hacia adentro, ganas de pasarlo bien y seguir las recomendaciones que te proponemos en esta guía.

A quienes ya disfrutan de una práctica regular o de formación profesional en mindfulness, el juego les ayudará a crear un espacio de práctica informal guiado y pautado, en el que se tienen en cuenta las distintas áreas de observación en los programas infanto-juveniles (cuerpo–mente–emociones–amabilidad), que podrán incorporar a sus rutinas o intervenciones habituales.

Autenticidad

Ser humano implica ser imperfecto y vulnerable, también cuando eres padre, madre o docente. Sin embargo, a muchos adultos les cuesta mostrarse tal y como son ante los niños, por miedo a perder su admiración, a crearles un sentimiento de desprotección o a ser cuestionados en su autoridad.

Esto es una gran presión, tanto para los adultos como para los niños, que puede llevar a la autoexigencia, la culpa y al sentimiento de no ser suficiente.

En este juego, de una manera informal y relajada, tendrás la oportunidad de abrirte y compartir con ellos tu humanidad, mostrando que en ocasiones también sientes miedo, que cuando te enfadas puedes decir cosas que realmente no crees o que a veces las preocupaciones no te dejan dormir.

Experimentar la dificultad no nos hace menos valiosos o buenos, pero hace que la vida sea más complicada. Por suerte, podemos desarrollar recursos para afrontarla, así que también puedes compartir tus estrategias para sobreponerte a ellas.

Experimentar con las cartas previamente

Una buena idea es experimentar antes los ejercicios que proponen las cartas, tanto si has tenido mucho o poco contacto con el mindfulness o si te sientes inseguro sobre cómo acompañar a los niños en este juego. Realiza los ejercicios de yoga, responde a las preguntas sobre emociones y pensamientos, practica la pausa...

Observa con curiosidad e interés cómo responden tu cuerpo y tu mente a cada uno de ellos y descríbelo con tanta precisión como te sea posible.

- ¿Hay alguna postura de yoga que te es difícil realizar?
- ¿Hay algún tema que te incomoda, te enfada o te aburre?
- ¿Te visita algún recuerdo o emoción imprevista que te atrapa?
- ¿Hay juicios hacia ti o sobre la propuesta que limitan tu observación?
- ¿Cómo respondes a todo ello?

Todas estas preguntas pueden surgir durante una partida, pero cuando tú has experimentado las dificultades, es más sencillo comprender las reacciones de los niños y apoyarlos en su propia observación.

A observar se aprende observando

Este juego te propone una serie de experiencias para que los participantes, niños o adultos, puedan cultivar la atención y la observación de la experiencia del momento de manera lúdica e informal.

¿Qué puedes tener en cuenta para comenzar?

- El mindfulness no se puede hacer bien ni hacer mal: quizás un día notas mucho y otro día notas poco, tal vez notas más sobre tu cuerpo que sobre tus pensamientos (o justo al revés), quizás es más fácil estar concentrado un día que otro…, y esa es la única observación que hay que hacer. Cuanto más practiques, más cosas notarás, ¡incluso cuando crees que ya lo sabes todo!
- Déjate sorprender: observa, como si fuera la primera vez, las propuestas que ya has experimentado, dejando de lado tu opinión. Observa si algo cambia o si notas algo que no habías apreciado anteriormente.
- Sé curioso: está bien no saber todo lo que va a ocurrir ni cómo vas a responder… Permítete explorar y confía en la propuesta y en los materiales para apoyarte.
- Comparte tus observaciones con los niños para que tengan un modelo de referencia.

Paciencia, confianza y humor

Cada persona necesita su tiempo para desarrollar los recursos físicos, cognitivos, comunicativos, emocionales y relacionales que exploramos en este juego.

Al tratarse de una experiencia cooperativa sin ganadores ni perdedores, resulta más sencillo abrirse y aprender los unos de los otros.

- Sé paciente; cuanto más practiquéis, más sencillo será observar, describir y compartir las experiencias, siendo amable con lo que ocurra.
- Confía en el tiempo y en la capacidad de cada niño, no compares sus experiencias, ni la manera de compartirlas.
- Cada momento de atención es un éxito en sí mismo, reconócelo y celébralo.
- Deja espacio al humor y la distensión, recuerda que se trata de un juego.

Lleva el mindfulness a la vida cotidiana

La repetición diaria es lo que permite observar los beneficios de la práctica. Puedes llevar las sugerencias de las cartas a pequeños momentos del día, para seguir entrenando tu capacidad de observar las experiencias de cada momento.

Podemos hacer pequeñas pausas para respirar durante el día (por ejemplo, al cambiar de tarea o al iniciar y terminar las clases del día).

- Buscando un rato cada día para relajarte y soltar la tensión acumulada (pasear, hacer estiramientos, yoga, etc.).
- Eligiendo alguna actividad que te guste, para realizarla con toda la atención (cocinar, deporte, actividad manual), sin distraerte con otras cosas (el móvil, conversaciones, la planificación del día siguiente, etc.).
- Practicando la amabilidad y el agradecimiento por todo lo bueno que llegó con el día.

Te aconsejamos que, antes de empezar este juego con los niños, experimentes previamente con las cartas.

¿Qué posturas hay?

¿Cuáles me van bien y cuáles me cuestan?

¿Cómo se presentan los temas en cada carta?

¿Qué tipo de minijuegos de atención se proponen?

¿Cómo respondería yo las preguntas sobre pensamientos, emociones y conexión? ¿Cómo son las cartas de pausa?

**¡COMIENZA
A JUGAR AHORA!**

4
EL JUEGO

EL JUEGO DEL AHORA TIENE 24 cartas de yoga, 4 cartas de pausa, 1 carta de calentamiento y 1 carta relacionando el valor del dado (no incluido) con las pruebas que se proponen en las cartas de yoga.

CARA ANTERIOR

GUERRERO

CONFLICTO · DEFENDER · ENFRENTAR
VIOLENCIA · MIEDO · AGRESIÓN · BULLYING

CARA POSTERIOR

De pie, estira los brazos hacia arriba. Da un paso al frente con la pierna izquierda y adelanta el cuerpo, doblando la rodilla a la altura del tobillo. Mantén la espalda recta, los brazos en alto y mira hacia arriba. Cambia de pierna.

Piedra, papel y tijera (*jan-ken-pon*). Papel gana a piedra, piedra a tijera y tijera a papel. Gana quien logra 3 puntos primero. Si es un grupo grande, se puede jugar por equipos.

El guerrero es una persona preparada para **defenderse** a sí mismo y a su grupo. Aunque son **temidos**, un buen guerrero usa sus **armas** sin **abusar** de su superioridad.

 ¿Recuerdas alguna vez en la que te hayas defendido sin usar la violencia? ¿Cómo fue?

 ¿Cómo te sientes cuando vives una situación de conflicto? ¿Qué notas en el cuerpo?

 ¿Alguna vez has visto a una persona o un grupo abusar de su superioridad? ¿Qué sentiste? ¿Qué hiciste?

42 — EL JUEGO DEL AHORA

Descripción de las cartas de yoga

Cara anterior:

- Representación gráfica de una postura corporal y su nombre.
- Nube de palabras sobre el tema de la carta.

Cara posterior:

- Descripción breve de la postura básica.
- Minijuego de atención, conexión o relajación.
- Presentación del tema.
- Preguntas sobre el tema propuesto en la nube de palabras respecto a:
  - mente: manifestar ideas, creencias, juicios, preocupaciones...
  - emoción: describir emociones (respuesta corporal y conducta),
  - conexión: observar cómo influyen nuestras acciones y conductas en nosotros mismo y con los demás.

Descripción de las cartas de pausa

Cara anterior: representación gráfica y nombre de la práctica.

Cara posterior: describe cómo ejecutar la pausa y pregunta por la experiencia.

Equivalencias del dado

Cada cara del dado indica una instrucción distinta:

1 = ELEGIR	2 = PENSAMIENTOS
3 = EMOCIÓN	4 = CONEXIÓN
5 = MINIJUEGO	6 = PAUSA

Cómo jugar

Objetivo del juego

A partir del movimiento y la observación de las sensaciones corporales, el juego tiene como objetivo aprender a observar, describir y reflexionar sobre cómo nos relacionamos con las experiencias de la vida desde el cuerpo, la mente, las emociones y las relaciones.

Se trata de un juego cooperativo, no competitivo; en este juego no hay ni ganadores ni perdedores.

Número y edad de los jugadores

Mínimo 2 jugadores a partir de diez años, y si hay muchos jugadores, se pueden dividir en dos o más grupos.

Se recomienda la presencia de un adulto que pueda resolver las dudas de los jugadores, cree un espacio seguro y respetuoso y facilite la observación y la comprensión de las experiencias que se compartan durante el juego. El adulto tiene el rol de coordinador y participa en todos los ejercicios igual que el resto de los jugadores.

Instrucciones

- El coordinador busca un espacio despejado y seguro que permita el movimiento corporal y propone movimientos para calentar (ver carta de calentamiento o las propuestas de las páginas 61-63 del libro).
- Se pide a los jugadores que se sienten en círculo de modo que puedan tener contacto visual entre ellos.

EL JUEGO

- El coordinador mezcla las cartas de yoga y las pone en un montón, con la cara de la postura hacia abajo. Las cartas de pausa quedan aparte, también boca abajo, y solo se usan cuando lo indique el dado.
- El jugador más joven toma la primera carta del montón, con cuidado de no mostrar el dibujo al resto de los participantes. Si no comprende bien la posición en el dibujo, puede leer para sí mismo las instrucciones en la parte posterior. El coordinador puede ayudar a los más jóvenes con el texto.
- Una vez comprendida, el jugador muestra la carta al grupo y dirige el movimiento para todos.
- Una vez realizado el movimiento (entre 2 y 5 minutos según número de participantes y su habilidad), los jugadores regresan a su sitio para continuar con la tirada, usando la parte de atrás de la carta.
- El jugador a la derecha del que inició el juego tira el dado y realiza la acción que marca el número que haya salido:
  – Número 1: puede **elegir** la acción que más le apetezca.
  – Número 2: lee en voz alta la pregunta relacionada con los **pensamientos** y cada uno comparte su experiencia.

- Número 3: lee en voz alta la pregunta relacionada con las **emociones** y cada uno comparte su experiencia.
- Número 4: lee en voz alta la pregunta relacionada con la **conexión** y cada uno comparte su experiencia.
- Número 5: lee en voz alta el **minijuego** y el grupo lo pone en práctica.
- Número 6: toma una carta de **pausa** y el grupo la pone en práctica.

- El jugador sentado a la derecha del que tiró el dado guarda la carta debajo del mazo y elige una nueva carta.
- El juego termina cuando todos han participado por lo menos una vez (eligiendo una carta o tirando el dado) o cuando acabe el tiempo que el coordinador habrá establecido y comunicado previamente.
- Cuando el grupo es de más de 10 personas y el tiempo limitado, el coordinador puede:

  a. Definir de antemano el número máximo de participantes en cada ronda (mínimo 3), dando prioridad a los que no han hablado anteriormente.

  b. Pedir a aquellos que tengan una experiencia similar que levanten la mano, dando la palabra a los que tengan una experiencia distinta.

Otros usos de las cartas

Las cartas son una herramienta versátil que puede utilizarse de distintos modos, aquí te proponemos algunos.

Conocer y cuidar el cuerpo

Utiliza solamente la cara anterior (postura), centrándote en:

- Atención al movimiento: concentración, coordinación motriz y espacial.
- Describir las sensaciones corporales de la postura: tensión/distensión, temperatura, cosquilleo, etc.
- Notar las distintas partes del cuerpo que colaboran para realizar el movimiento.
- Observar la coordinación del movimiento con la respiración.

Crear historias: potenciar la creatividad

Se eligen entre 3 y 5 cartas al azar para para crear juntos una historia con los personajes de las posturas y los textos de inspiración. Cada vez que se nombra un personaje, se hace el movimiento de la carta. Puede ser una creación por relevos o en pequeños grupos cooperativos.

Espacio de debate

Después del movimiento, se lee el texto de presentación del tema para centrar un debate sobre el tema elegido, poniendo el foco en despertar el espíritu crítico de los participantes.

Trabajar los valores con una sola carta

Se elige una carta y se realizan las instrucciones de la cara posterior, comenzando siempre con el movimiento. Conviene apoyarse en la nube de palabras para poder profundizar y lanzar preguntas relacionadas con el tema de la carta.

Tablero (descargable gratuitamente desde la web)

Se sitúa el tablero en el centro del círculo y se pone una ficha que represente al grupo en la casilla de salida. Cada casilla tiene un símbolo que representa un elemento del juego: postura, dinámica, mente, emoción, conexión o pausa. Por turnos, se tira el dado y se cuentan las casillas que señala el número que ha salido. Se ejecuta la instrucción que indica la casilla en la que cae la ficha.

Nos encantaría conocer vuestra experiencia con las cartas, ya sea con alguno de los usos que proponemos aquí, con una versión adaptada o con los que inventéis tú y tu grupo. No dudéis en compartir vuestra experiencia en las redes sociales con los *hashtags* #JuegoAhora o por correo electrónico a: info@juegodelahora.com

Ahora que ya sabes todo sobre el juego, solo quede experimentar una primera partida.

¡COMIENZA A JUGAR AHORA!

5
DISTINTOS ÁMBITOS DE USO

Jugar en casa

JUGAR EN CASA ES UNA OPORTUNIDAD para conocerse mejor a uno mismo y al resto de miembros de la familia, estableciendo relaciones más cercanas y seguras.

- Toma el juego como una práctica de mindfulness: deja el móvil y cualquier otra tarea de lado. ¡Simplemente juega!
- Adapta las instrucciones, el léxico y las preguntas para que todos tus hijos puedan comprenderlo.
- Los temas que se proponen en las cartas abren espacios de comunicación y son una oportunidad para practicar la escucha y la comunicación asertiva, tanto para padres como para hijos.
- Crea un rincón de calma con pocos estímulos, donde poder estar en silencio y relajarse sin ser interrumpido.
- Podéis extender la práctica de mindfulness a momentos de la vida cotidiana familiar, decidiendo juntos cuándo y cómo queréis hacerlo:
  - Parar a respirar: al levantarse, al ir a dormir, al regresar a casa...
  - Integrar rutinas de movimiento si estáis agitados, cansados...
  - Observar con los sentidos la comida, el camino a casa, la ducha...
  - Compartir vuestro estado de ánimo y necesidades.
  - Agradecer las cosas buenas que han ocurrido en el día.

Los mayores retos de las madres y padres para comenzar a jugar son la falta de tiempo y la autoexigencia. Añadir otra cosa más para «hacer» y «hacerlo bien». Con el mindfulness se trata de estar plenamente aquí con tu atención el mayor tiempo posible, también cuando estás con tu familia. Quizás puedes considerar la posibilidad de comenzar a aprender poco a poco, dejando de lado las expectativas y la necesidad de resolver o saberlo todo. ¡Ábrete a jugar, sin más!

Otra dificultad de la que podemos no ser conscientes es la proyección de los propios deseos y necesidades en nuestros hijos, impidiéndoles ser ellos mismos. Si bien la intención de las proyecciones suele ser buena, nos pueden alejar. Este juego busca que te abras a la realidad y la aceptes tal como es, escuchando a tu hijo y descubriendo quién es realmente.

Jugar en el aula

El mindfulness es un aprendizaje más y no todos los niños van a entrar en las propuestas con la misma facilidad. En las instrucciones del uso de las cartas encontrarás distintas propuestas para usarlas en el aula y puedes tomar en consideración las siguientes recomendaciones generales:

- Comienza el curso con yoga; para familiarizaros, practicad algunas posturas y ve integrando el resto a medida que avanza el año. Si tienes alumnos con necesidades específicas especiales, utiliza imágenes explicativas de cada paso.
- Adapta las instrucciones, el léxico y las preguntas a la realidad del grupo.
- Ajusta la duración del juego al estado de ánimo y energía de los niños. También ten en cuenta tu propia energía y estado de ánimo.
- Usa las cartas de pausa para marcar rutinas de calma en el aula (al comenzar o terminar el día, al regresar del recreo, antes de una prueba...). Invita a los alumnos a participar en la creación de estas rutinas y a pedir pausas o movimientos de yoga cuando lo necesiten.
- Crea rutinas de movimiento con vuestras cartas preferidas para relajar la mente y refrescar su atención. Organiza turnos para que los niños dirijan los movimientos del grupo.

Los docentes a menudo expresan la dificultad de cambiar de rol en las sesiones de mindfulness y yoga. A diferencia de las asignaturas que imparten, aquí no hay un objetivo concreto que alcanzar, sino unas habilidades y actitudes que entrenar mediante la práctica de la atención. También puede ser complicado no comentar o cualificar la experiencia que comparten los niños, sino acogerla tal y como es. Si te encuentras en esta situación, recuerda que tú también estás aprendiendo: párate, respira y vuelve a comenzar.

Cuando existe una relación previa de autoridad, puede ser un reto salvar la distancia con los alumnos y mostrarte tal como eres. El juego abre un espacio para acercarte a tus alumnos, dedicando tiempo de calidad a escucharlos y para interesarte sinceramente por lo que sienten y piensan. Muchos de los docentes que formamos en mindfulness comentan que hay un antes y un después en su modo de estar en el aula, tanto en sus relaciones con los alumnos como en la forma más tranquila y creativa en la que transmiten los conocimientos. La suma de todo esto redunda en un mayor bienestar personal y profesional.

Jugar en la consulta

Los niños suelen acudir a las sesiones con su psicóloga o terapeuta después de un largo día de actividades y demandas. El tiempo de las sesiones es limitado y el juego ayuda a generar rápidamente apertura y conexión.

Las cartas pueden usarse para:

- Relajar el cuerpo, a través del movimiento, ya sea al azar o preseleccionando las posturas.
- Relajar la mente, limitando los estímulos externos y creando un espacio de pausa para respirar y soltar.
- Crear conexión con el terapeuta, que puede mostrar su vulnerabilidad y modelar una respuesta segura y resiliente.
- Abrir espacios de comunicación niño-familia, como práctica de escucha y comunicación asertiva.
- Introducir temas difíciles de abordar en un entorno más formal.

Cuando los psicólogos y terapeutas comparten experiencias de mindfulness y yoga con sus pacientes, se encuentran, por un lado, con el reto de no evaluar, ni dirigir o resolver, y por otro, de reducir las técnicas de relajación o afrontamiento. La práctica de la atención es una manera suave y amable de que los pacientes comprendan sus procesos internos de forma integral, y no solo cognitiva, lo que facilita su compromiso con su bienestar.

Tal vez, leyendo estas recomendaciones, has observado alguna dificultad para mostrarte como eres, pero seguro que también tienes talentos para conectar con los niños. ¿Cuáles son? ¿Cómo puedes traerlos a cada partida?

¡COMIENZA A JUGAR AHORA!

6

POSTURAS DE YOGA Y PREPARACIÓN

Antes de comenzar

PUEDES PREPARARTE PARA ACOMPAÑAR a los niños leyendo las recomendaciones y las fichas de yoga del libro, que completan la información de las cartas, sin olvidar tener en cuenta las siguientes recomendaciones:

- Participa y experimenta previamente todas las posturas tú mismo para comprender cómo se realizan y para poder aclarar las dudas que surjan en el grupo. El saber cómo realizarlas te permitirá estar completamente presente para los niños.
- Lee sobre los beneficios y las contraindicaciones de cada postura en la ficha correspondiente.
- Cuida de tu cuerpo: escucha sus límites y no realices las posturas que puedan lesionarte.
- También ten en cuenta la condición física de los niños. Si es necesario, puedes elegir otra carta de yoga o pedirle a algún alumno con más facilidad que la lleve a cabo para el resto.
- Desactiva estímulos externos antes de comenzar (teléfono móvil, alarmas, etc.).
- Usa ropa cómoda que te permita realizar los ejercicios sin limitaciones

La importancia de calentar

Es recomendable, sobre todo cuando el cuerpo ha estado mucho tiempo en reposo, hacer ejercicios de calentamiento para activarlo antes de empezar con las posturas de yoga.

Puedes calentar con ejercicios que ya conoces o con alguno de los que te proponemos a continuación, observando cómo te sientes después de realizarlos.

- **Levantar los brazos**

  Sube los brazos en paralelo por encima de la cabeza y estíralos, sin elevar los hombros, como si quisieras agarrar un objeto y por poco no lo alcanzaras. Estira un poco más y, cuando sea suficiente, baja lentamente los brazos por los lados.

- **Rotación de cuello**

  Gira el cuello lentamente, dibujando círculos con la nariz, con cuidado de no llevarlo hacia atrás. Después de un rato cambia de sentido.

- **Movimientos de brazos y tronco**

  Con los pies firmes en el suelo y los brazos relajados, gira el tronco desde las caderas, dejando que los brazos lo sigan naturalmente. Después gira hacia el otro lado y así continuamente. Las manos golpean suavemente el cuerpo con cada giro.

- **Rotación de hombros**
  Rota los hombros suavemente hacia delante, dejando colgar los brazos relajadamente. Después de un rato cambia el sentido y rota los hombros hacia atrás.

- **Flexionar las muñecas y sacudir los brazos**
  Rota las muñecas primero hacia dentro y después hacia afuera, sin forzar. Si quieres, también puedes mover los dedos. Termina sacudiendo la mano y el brazo para soltar los músculos.

- **Giros de cadera**
  Coloca las manos en las caderas y gira hacia un lado, haciendo círculos. Después de un rato, cambia la dirección de los giros hacia el otro lado.

- **Rotación de rodillas**
  Con los pies juntos y las rodillas dobladas, coloca las manos en las rodillas para guiarlas dibujando círculos en un sentido y luego en el contrario.

- **Rotación de tobillos y sacudir las piernas**
  Apóyate en la pierna izquierda, levanta el pie derecho y gíralo suavemente, primero hacia un lado

y luego hacia el otro. Puedes mover los dedos del pie, mientras lo haces. Termina sacudiendo el pie y la pierna para soltar los músculos. Cambia de pierna y repite el ejercicio. Si pierdes el equilibrio, vuelve a empezar.

Diferentes tipos de posturas

Hemos clasificado nuestros ejercicios o posturas de yoga en nueve categorías, que explicamos brevemente:

Ejercicios de activación o calentamiento

Para activar el cuerpo y calentar los músculos. Cartas: *estrella, mariposa.*

Postura de pie

Las posturas de pie aumentan la fuerza y la movilidad de la espalda, las piernas, las rodillas, las caderas, el cuello y los hombros. Eliminan tensiones y mejoran la circulación y la respiración. Dentro de este grupo hay posturas de equilibrio, de torsión y de flexión. Cartas: *árbol, estrella, guerrero, gorila, montaña, triángulo, silla.*

Postura de flexión hacia atrás

Se hace una flexión de la espalda hacia atrás facilitando así la expansión del pecho y la inspiración. Se trabaja la musculatura de la espalda y del abdomen. Cartas: *arco, camello, cangrejo, cobra, pez, el puente, saltamontes, vaca.*

Postura de flexión hacia delante

Esta postura se puede realizar de pie o sentado. Se flexiona la espalda hacia delante arqueando la columna y estirando los músculos de la parte posterior del cuerpo. Se trabaja así la musculatura de la espalda. Cartas: *gato, gorila, perro, ratón.*

Torsiones

En las torsiones se gira la columna vertebral estirando los músculos de la espalda. Son muy buenas para flexibilizar la columna y para aliviar dolores de espalda, cabeza, cuello y hombros. Es importante ir poco a poco, con suavidad, sin forzar el cuerpo ni pasar el límite. Cartas: *triángulo*.

Equilibrios

Las posturas de equilibrio trabajan la fuerza y agilidad y desarrollan el tono muscular. Aumentan la coordinación y la concentración. Se pueden hacer, por ejemplo, sobre un solo pie o sobre las manos y pies. Cartas: *árbol, barca, vela*.

Posturas invertidas

Las posturas de inversión son aquellas en las que los pies quedan por encima de la cabeza. Mejoran la circulación y la capacidad de concentración, porque se incrementa el aporte de sangre al cerebro. En la postura semiinvertida el corazón queda por encima de la cabeza. Son posturas un poco más avanzadas y difíciles. Cartas: *vela, perro, pez*.

Relajación

Las posturas de relajación proporcionan tranquilidad al cuerpo y la mente. Facilitan trabajar y cultivar la propia consciencia. Se suelen hacer al inicio o al final de la práctica de yoga. Cartas: *hoja, montaña, ratón*.

Posturas dinámicas

Las posturas dinámicas se componen de varias posturas que se complementan o bien incluyen un movimiento o gesto. Cartas: *abeja, gato/vaca, león, rana.*

Yoga y respiración

En la práctica de yoga, respiración y cuerpo van de la mano, ya que, mientras realizas las posturas, te mantienes en contacto con tu respiración. Recomendamos respirar por la nariz tal como lo hacemos normalmente, salvo si se indica expresamente lo contrario o cuando no es posible porque, por ejemplo, estás resfriado.

En la preparación de la postura, introducimos una pequeña pausa para conectar con la respiración, observando algunas inspiraciones y espiraciones. Puedes preguntarte internamente: ¿Cómo es mi respiración ahora? ¿Qué sensaciones noto en mi cuerpo? ¿Cómo me siento en este momento?

La idea es que, mientras haces las posturas, estás siempre en contacto con tu respiración. Habrá momentos en los que quizás te cuesta más mantener la respiración (flexiones, posturas de inversión o de mucho esfuerzo) y en otros en los que fluye naturalmente. Siempre debes seguir acompañando tu respiración con tu atención en cada momento, tan bien como te sea posible.

Al finalizar las posturas, podemos introducir la misma pausa observando cómo estamos después de haber hecho el ejercicio. ¿Ha cambiado algo en tu respiración, tu cuerpo o tu estado?

En muchas posturas el ritmo de la respiración acompaña los movimientos. Por ejemplo, te inclinas espirando y vuelves a enderezarte inspirando. Subes los brazos o las piernas inspirando y, al bajarlos, espiras. Al rotar los hombros hacia arriba, inspiras, y cuando los bajas, espiras. En todos estos casos, es tu respiración la que marca el ritmo y la velocidad del movimiento. Después de un rato, los movimientos y la respiración irán acompasándose naturalmente.

En algunas posturas de este libro-juego indicamos cuándo inspirar o espirar y en otros lo dejamos abierto. Si tomas clases de yoga, el instructor normalmente te indica cuándo inspirar y cuándo espirar, sobre todo al principio de iniciar la práctica.

Las posturas de las cartas en detalle

Cuando te preparas para comenzar a jugar, es importante tener en cuenta estas recomendaciones:

- Antes de comenzar con la postura, pídeles que tomen 2 o 3 inspiraciones y espiraciones profundas por la nariz y que realicen el movimiento con la máxima atención. Al deshacer la postura pueden tomar de nuevo un par de respiraciones conscientes.
- Tomad el tiempo para hacer y deshacer las posturas con tranquilidad y suavidad.
- Crea un espacio abierto y un ambiente seguro en el grupo, donde todos los niños se sientan cómodos, relajados e incluidos.
- Es importante animar a los niños durante los ejercicios, ayudándoles si hace falta o comentando lo bien que lo están haciendo.

Si el yoga es nuevo para ti, no te preocupes, poco a poco te irás familiarizando con cada movimiento.

No se trata de hacerlos perfectamente, se trata de estar atento a tu cuerpo en movimiento. ¿Por qué no escoges una carta y pruebas?

¡COMIENZA A JUGAR AHORA!

ABEJA
(*Bhramari Pranayam*)

Descripción

Siéntate con la espalda recta y tapa las orejas con tus dedos. Cuando espiras, dices: «Mmm...»; la boca queda cerrada. Observa cómo el sonido hace vibrar la lengua, los dientes y la nariz. Haz 5-10 respiraciones así.

Beneficios

Se relaja el sistema nervioso e induce la relajación muscular. Ayuda a silenciar el ruido mental y a concentrar la mente. Fortalece y mejora la voz y elimina dolencias de garganta. Puede ayudar a aliviar el insomnio.

Evita practicarla acostado si tienes una infección grave de oído, una enfermedad cardíaca grave o epilepsia.

¿Sabías que...?

La postura de la respiración del zumbido de la abeja es una técnica sencilla que une sonido y respiración. Los sonidos producidos durante esta postura tienen un efecto relajante en el cerebro y el sistema nervioso.

ÁRBOL
(*Virkasana*)

Descripción

Levantado, apoya un pie en el tobillo o el muslo de la otra pierna, une las palmas de las manos en el pecho y levanta los brazos por encima de la cabeza. Si pierdes el equilibrio, vuelves a empezar. Cambia de pie.

Beneficios

Fortalece la espalda y las piernas, mejora el equilibrio y la concentración, alivia la ciática y los pies planos, ayuda a canalizar mejor las emociones.

Evita hacer esta postura si te duele la cabeza, tienes insomnio o presión arterial baja. Mantén las manos delante del pecho si tienes la presión arterial alta.

¿Sabías que...?

Es una de las posturas de equilibrio de pie que más se utiliza. El pie que se apoya en el suelo representa las raíces del árbol que están unidas con la tierra y los brazos representan las ramas.

ARCO
(*Dhanurasana*)

Descripción

Túmbate boca abajo en el suelo. Tu vientre se apoya en el suelo, levanta el pecho, flexiona las rodillas y agarra los tobillos con las manos formando un arco con tu cuerpo.

Beneficios

Flexibiliza y fortalece la espalda, los músculos de los brazos, las piernas, el cuello, los pectorales y tonifica los glúteos.

Evita hacerla si tienes (o has tenido recientemente) lesiones de espalda, dolor de cabeza o si te han operado hace poco la zona abdominal.

¿Sabías que...?

La espalda y las piernas forman un semicírculo y la cuerda del arco son los brazos.

BARCA
(*Navasana*)

Descripción

Siéntate con la espalda recta y las piernas estiradas. Dobla las rodillas y échate un poco hacia atrás, mientras levantas las piernas. Levanta los brazos y alinéalos con las piernas. Trata de mantenerte en equilibrio un rato. Repite varias veces.

Beneficios

Fortalece los abdominales, los músculos de las caderas, la espalda y los brazos. Mejora la coordinación y la capacidad de concentración.

Evita hacerla si te duele la espalda, pues será difícil mantener el equilibrio en esta postura.

¿Sabías que…?

Esta postura mejora la capacidad de atención y concentración. Si dejas de estar centrado, te desestabilizas y puedes perder el equilibrio.

CAMELLO
(*Ustrasana*)

Descripción

Ponte de rodillas con la espalda recta. Pon tus manos en la espalda, a la altura de la cintura, y lleva la cabeza y los hombros hacia atrás, con mucho cuidado. Si tu flexibilidad te lo permite, puedes colocar las manos en los talones.

Beneficios

Estiras el cuello y los músculos de las piernas, abres el pecho, flexibilizas la espalda.

Evita hacer esta postura si tienes lesiones en las lumbares, la espalda alta o el cuello.

¿Sabías que…?

Es una postura de flexión hacia atrás que tiene un efecto relajante, sobre todo si has estado sentado mucho rato con la espalda curvada.

CANGREJO
(*Ardha Purvottanasana*)

Descripción

Siéntate con las piernas extendidas y la espalda recta. Coloca las manos en el suelo y dobla las rodillas. Empieza a levantar las caderas hasta que los muslos estén paralelos al suelo. Los dedos de los pies y de las manos apuntan hacia delante. Lleva la mirada hacia arriba y mantén la postura durante varias respiraciones. Para salir, baja lentamente la cadera al suelo.

Beneficios

Fortalece muñecas y brazos. Flexibiliza hombros, cuello y caderas. Abre el pecho y aumenta la capacidad respiratoria. Estimula la función del riñón.

Evitar si tienes lesiones en las manos, muñecas, codos u hombros. En caso de lesión cervical o dolor en el cuello, evita descolgar la cabeza hacia atrás.

¿Sabías que...?

Esta postura se llama del cangrejo por la forma en la que queda el cuerpo al realizarla.

COBRA
(*Bhujangasana*)

Descripción

Túmbate boca abajo, con las piernas juntas y pon las palmas de las manos en el suelo a la altura de los hombros. Al inspirar sube el pecho suavemente, mantén la postura un rato y baja el pecho poco a poco. Repite algunas veces. Lo ideal es que las piernas estén estiradas del todo y que haya una flexión de la espalda hacia atrás.

Beneficios

Elimina tensión y fortalece la espalda, los brazos, los abdominales y las piernas.

Evita hacer esta postura si te duele la espalda o si has sufrido una rotura de huesos en los brazos o las costillas.

¿Sabías que...?

Puedes descansar la espalda después de este ejercicio con la postura del ratón.

ESTRELLA
(*Utthita Tadasana*)

Descripción

De pie y con los brazos colgando a los lados. Separa las piernas y sube lentamente los brazos hasta que estén a la altura de los hombros, con las palmas de las manos hacia el suelo. Mantén un rato la postura. Si quieres ir un poco más allá, estira suavemente las dos manos hacia los dos extremos extendiendo los dedos y abriendo el cuerpo.

Beneficios

Energiza, alarga y abre todo el cuerpo. Mejora el enfoque y la concentración.

Esta postura no tiene ninguna contraindicación.

¿Sabías qué...?

Es una postura básica de pie, con la que puedes experimentar la tensión y la distensión.

GATO + VACA
(*Marjaryasana + Bitilasana*)

Descripción

Ponte a cuatro patas. Inhala, baja el vientre, levanta la cadera y sube la cabeza. Espira, sube y arquea la espalda, baja la cadera y también la cabeza. Repite cambiando de la vaca al gato, fluidamente.

Beneficios

Flexibiliza la espalda, el cuello y la caja torácica. Fortalece la muñeca, los brazos y los hombros. Mejora la digestión y la circulación sanguínea. Mejora la coordinación.

Evita hacer esta postura si tienes un problema crónico en la espalda.

¿Sabías que...?

Al combinar aquí las posturas del gato y la vaca, se mejora la coordinación al cambiar de una a otra postura fluidamente.

GORILA
(*Padahastasana*)

Descripción

De pie, acerca la barbilla al pecho y baja la espalda lentamente, expulsando el aire poco a poco. Deja que los brazos y la cabeza cuelguen de forma relajada hacia el suelo. Balancéate de lado a lado, descansa y sube despacio hasta quedar erguido.

Beneficios

Flexibiliza la columna, los músculos de las piernas, la espalda, los tobillos y las rodillas. Entrena la estabilidad y mejora el equilibrio. Es buena para la digestión.

Evita hacer esta postura si te duele la espalda, el cuello o tienes lesiones musculares.

¿Sabías que...?

La postura del gorila exige mucha flexibilidad y al empezar puede costar. No hace falta que toques el suelo, poco a poco irás adquiriendo más flexibilidad y te será más fácil acercarte.

GUERRERO
(*Virabhadrasana*)

Descripción

De pie, estira los brazos en vertical. Da un paso al frente con la pierna izquierda y adelanta el cuerpo, doblando la rodilla a la altura del tobillo. Mantén la espalda recta, los brazos en alto y mira hacia arriba. Cambia de pierna.

Beneficios

Estirar la parte superior del cuerpo y fortalecer las piernas. Mejora la coordinación al trabajar con todo el cuerpo y trabaja el equilibrio.

Evita si tienes dolor en el cuello o problemas de corazón.

¿Sabías que...?

Es una de las posturas más conocidas del yoga. Es una postura muy completa porque requiere la participación de todo el cuerpo.

HOJA
(*Savasana*)

Descripción

Túmbate en el suelo boca arriba, con los brazos al lado del cuerpo. Los brazos y piernas se relajan, la cabeza descansa en el suelo. Cierra los ojos si quieres y concéntrate en tu respiración. Quédate así quieto un rato más..., como una hoja. Buscamos estar lo más cómodos posible para poder centrarnos en descansar.

Beneficios

Relajante, aumenta la concentración, alivia el dolor de cabeza y de espalda, ayuda a disminuir la tensión arterial.

Evita hacer esta postura cuando tienes dolor de espalda. Pero para evitar molestias en la zona lumbar, puedes flexionar las rodillas o poner un cojín bajo las corvas.

¿Sabías que...?

La postura de la hoja se suele usar para relajarse tras terminar la sesión de movimientos. Se trata de recuperarse del esfuerzo antes de retomar las acciones del día.

LEÓN
(*Simhasana*)

Descripción

Sentado sobre los talones y con las rodillas separadas. Apoya las manos sobre las rodillas o en el suelo. Al espirar, saca la lengua e imita el rugido de un león. Repite varias veces.

Beneficios

Tonifica toda la musculatura corporal. Es beneficioso para las glándulas tiroides y paratiroides y para las cuerdas vocales.

Evita esta postura en caso de dolencia cardíaca grave o hipertiroidismo.

¿Sabías que...?

Aunque es una postura que a veces causa risa, tiene grandes beneficios físicos, mentales y emocionales.

MARIPOSA
(*Baddha Konasana*)

Descripción

Sentado, con la espalda recta y los hombros hacia atrás, unes las plantas de los pies y las sujetas con las manos. Subes y bajas las rodillas suavemente durante un rato.

Beneficios

Mejora la circulación en las piernas, estira la parte interna de los muslos, abre las caderas, calma el sistema nervioso y puede mejorar la digestión.

Evita hacer esta postura si tienes una lesión en la rodilla, en las ingles o si te han operado recientemente en esta zona.

¿Sabías que...?

Esta postura es muy común para el calentamiento.

MONTAÑA
(*Tadasana*)

Descripción

De pie, con los brazos estirados a los lados del cuerpo. Distribuye el peso entre ambos pies. Estira la espalda, sin levantar los hombros, y quédate así un rato, sin hacer nada.

Beneficios

Es relajante, fortalece la espalda, mejora la capacidad pulmonar, aporta estabilidad.

Esta postura no tiene contraindicaciones.

¿Sabías que...?

Todas las posturas que se hacen de pie parten de esta postura básica. Aporta calma y paz, y permite centrarse y prepararse para la siguiente postura.

PERRO
(*Adho Mukha Svanasana*)

Descripción

Ponte en el suelo a cuatro patas. Levanta las rodillas y sube las caderas, apoyándote en pies y manos, mientras miras hacia las rodillas. Deshaz el movimiento y repite varias veces. Idealmente las piernas quedan completamente estiradas, con los talones en el suelo. Si te cuesta, puedes doblar un poco las rodillas.

Beneficios

Estira, tonifica y fortalece todo el cuerpo. Libera tensión y estrés. Mejora la digestión y la circulación sanguínea.

Evita hacer esta postura si tienes diarrea, dolor o una lesión en los hombros o las muñecas.

¿Sabías que...?

Esta postura semiinvertida es muy común en el yoga. Es muy buena para estirar todo el cuerpo o como postura de descanso. Imitamos la posición de los perros cuando se estiran.

PEZ
(*Matsyasana*)

Descripción

En el suelo boca arriba, con los brazos estirados a los lados del cuerpo, sube el pecho, apoyándote en los antebrazos. Lleva la cabeza un poco hacia atrás y deja que descanse en el suelo. Las piernas quedan rectas y se forma un arco en tu espalda.

Beneficios

Estira el cuello, la espalda y las piernas. Abre el pecho y aumenta la capacidad pulmonar. Es relajante y libera tensión.

Evita hacer esta postura si te duele la cabeza, la espalda o tienes la presión alta.

¿Sabías que...?

Para recuperarte de esta postura, descansa en el suelo boca arriba y coloca las manos extendidas debajo de los glúteos.

PUENTE
(*Setu Bandha Sarvangasana*)

Descripción

Túmbate boca arriba con los brazos a los lados del cuerpo. Dobla las piernas y acerca los pies hacia los glúteos. Eleva poco a poco la cadera y curva la espalda, apoyando el peso sobre los hombros. Aguanta un rato con la cadera en alto y baja después lentamente. Puedes realizar la postura varias veces, haciendo descansos de vez en cuando.

Beneficios

Abre el pecho favoreciendo la respiración, fortalece las piernas y los glúteos, flexibiliza la columna. Aporta energía y sensación de bienestar.

Evita hacer esta postura si tienes dolor de cabeza, en la espalda, hombros o cuello.

¿Sabías que...?

Puedes enlazar las manos una vez que has subido el tronco y tirar suavemente de ellas.

RANA
(*Malasana*)

Descripción

Separa un poco las piernas y ponte en cuclillas, con los pies un poco abiertos y las palmas de las manos en el suelo por el interior de las rodillas. Quédate un rato quieto y atento. Con cuidado, sube los glúteos, estira las piernas lo que puedas y vuelve a bajar. Repite algunas veces.

Beneficios

Relaja y tonifica el vientre y estira la ingle, lumbar, sacro y cadera. Estimula el metabolismo y los órganos digestivos.

Evitar si tienes una lesión en las rodillas o en la espalda baja.

¿Sabías que...?

Puede parecer una postura fácil, pero es intensa. Ve aumentando poco a poco el número de flexiones o «ranitas».

RATÓN O NIÑO
(*Balasana*)

Descripción

Siéntate de rodillas en el suelo, dobla la espalda suavemente y deja descansar la frente en el suelo. Pon los brazos a los lados, con las palmas de las manos hacia arriba. Descansa un rato en esta postura. Una variación consiste en tender los brazos hacia delante, estirarlos y luego dejarlos reposar suavemente.

Beneficios

Descansar, recuperar fuerzas, estirar los hombros.

Evita esta postura si tienes una lesión en las rodillas o un gran dolor en la espalda.

¿Sabías que...?

La postura del ratón (o del niño) es muy útil para relajarse o descansar entre otras más exigentes.

SALTAMONTES
(*Shalabhasana*)

Descripción

Túmbate boca abajo con los brazos alineados con el cuerpo. Espira y levanta a la vez la cabeza, el pecho y las piernas. Mantén las piernas juntas. Los brazos se estiran al lado del cuerpo. Mantén la posición varias respiraciones.

Beneficios

Fortalece los músculos de los brazos, la espalda y los abdominales. Flexibiliza la espalda y alivia el dolor de ciática.

Evita hacer esta postura si tienes dolor o alguna lesión en la espalda o el cuello o si tienes dolor de cabeza.

Sabías que...

Esta postura se llama saltamontes porque recuerda la posición que adoptan estos insectos cuando están descansando.

SILLA
(*Utkatasana*)

Descripción

De pie, estira los brazos hacia arriba, las palmas de las manos se miran. Espira, mientras doblas las rodillas y bajas el cuerpo. Mantén la espalda recta y los brazos alineados con la espalda. Baja tanto como puedas, hasta que los muslos estén paralelos con el suelo. Repite varias veces.

Beneficios

Fortalece la espalda y los hombros y corrige los pies planos. Entrenas el equilibrio y quemas grasa.

Evita forzar si tienes problemas en las rodillas, las caderas o los hombros.

¿Sabías que...?

Esta postura de pie y de equilibrio es difícil de mantener, porque necesita mucha fuerza en las piernas. No hay que forzar, aumenta cada vez un poco el tiempo y el número de repeticiones.

TRIÁNGULO
(*Utthita Trikonasana*)

Descripción

De pie, da un paso lateral abriendo las piernas. El pie izquierdo mira al frente y el derecho al lado. Pon los brazos en cruz e inclínate hacia la derecha. Apoya la mano derecha en la pierna o el tobillo, o bien en el suelo, y mira hacia arriba. Repite el ejercicio hacia el otro lado.

Beneficios

Estira y fortalece el cuello, los hombros, los brazos, el pecho y las piernas. Flexibiliza las caderas y la columna vertebral. Mejora la digestión.

Evita esta postura si tienes dolor de cabeza o problemas de tensión arterial. Es importante no forzar el cuerpo en esta postura, e ir poco a poco, con suavidad.

¿Sabías que...?

Hay varias versiones de esta postura, esta se llama el triángulo extendido. Es una torsión, se gira la columna vertebral estirando así los músculos de la espalda.

VELA
(*Salamba Sarvangasana*)

Descripción

Acuéstate boca arriba y dobla las piernas. Despega la cadera del suelo y toma impulso con los pies para llevar las piernas hacia la cabeza. Apoya las manos en la cadera y levanta las piernas. Forma una línea con el cuerpo y mantente en equilibrio un rato.

Beneficios

Fortaleces los hombros, la espalda, los brazos y los abdominales. Es relajante y mejora la circulación de la sangre.

Evita hacer esta postura si tienes problemas de oído o dolor de cabeza, en los hombros o el cuello. Usa la pared como apoyo si no puedes mantener el equilibrio o te falta fuerza.

¿Sabías que...?

La llaman la madre de las posturas de yoga porque favorece el funcionamiento armónico de los sistemas del cuerpo. Evita separar las piernas mientras las elevas del suelo. El movimiento para conseguir la postura final debe ser lento.

7
APRENDER A PREGUNTAR Y A ESCUCHAR

NO SOLEMOS TOMARNOS UN TIEMPO para escuchar realmente a los niños cuando nos hablan de sus anhelos o sus preocupaciones. A menudo, les interrumpimos o hacemos otras cosas mientras nos hablan, no damos importancia a lo que comparten (son cosas de niños) o intentamos «arreglar sus problemas». Juzgamos y opinamos sobre lo que nos cuentan, aprovechamos para aleccionarles sobre lo correcto y lo incorrecto, nuestras expectativas y nuestras decepciones. Y así, poco a poco, los niños aprenden que no pueden contar con nuestra escucha abierta y dejan de compartir sus inquietudes con nosotros.

Sin embargo, cuando les ofrecemos la oportunidad de ser verdaderamente escuchados en un entorno seguro y amable, nos honran con su confianza. Puedes encontrar mucha sabiduría y sentido común en su manera de ver el mundo y también muchas preocupaciones y miedos.

El juego que acompaña este libro ofrece un entorno estructurado y distendido para la escucha, pero es el adulto quien reserva el tiempo y genera seguridad con su presencia, coherencia, respeto y amabilidad. Esto no ocurre de un día para otro; puedes comenzar practicando con las preguntas de las cartas y siguiendo las pautas que te indicamos a continuación.

Aprender a escuchar

En el contexto del mindfulness y de este juego, preguntar no es interrogar, sino invitar a observar y describir objetivamente lo que ocurre tal y como ocurre, incluso cuando eso no es agradable o no se ajusta a nuestras creencias o expectativas. Cultivamos el pensamiento crítico con mente abierta, curiosidad y sin juicio, con el deseo de querer conocer para tomar las mejores decisiones posibles para nuestro bienestar y el de los demás.

Nos hacemos preguntas sobre la experiencia del momento (cuerpo, emociones, pensamientos, conducta), sobre el propio proceso de observación y también sobre situaciones que ya han ocurrido y que podemos observar con más calma y algo de distancia.

Por ello, cuando una respuesta es sincera y está dictada por la propia experiencia no puede considerarse correcta ni incorrecta, no es opinable ni debatible. Sin embargo, eso no implica que todo valga. Cuando la expresión o las formas no son correctas (faltar al respeto, buscar la provocación o la confrontación), es adecuado hacer notar que se ha pasado un límite y animar a encontrar otras maneras de expresar lo mismo con ecuanimidad y amabilidad.

Entrenar la atención, la observación y la descripción mediante un juego en un entorno seguro nos prepara para poder llevar estas habilidades a la vida cotidiana. Por ejemplo, notar que cuando te enfa-

APRENDER A PREGUNTAR Y A ESCUCHAR — **97**

das con tu hermano porque no quiere devolverte tu juguete favorito aprietas los puños, las mejillas te arden, tus ojos se hacen chiquitos y gritas: «Eres el peor hermano del mundo», aunque realmente no creas lo que acabas de decir y luego te sientas avergonzado o culpable por tu conducta.

Cuando tomas consciencia de ello, puedes elaborar estrategias para responder de otro modo, como tomar una pausa, comunicar tu necesidad asertivamente, pactar antes de jugar las condiciones en las que prestas tu juguete o pedir disculpas cuando tu conducta no ha sido respetuosa. Y tú, como adulto, le puedes acompañar en este proceso con tu presencia y tu ejemplo.

Acompañar sin forzar ni dirigir

El mindfulness es un proceso interno y no se puede apresurar. Tu función en el juego es crear un espacio seguro en el que se pueda dar la observación y cultivar la amabilidad sin presiones, incluida la tuya propia.

- Permite a los niños no responder cuando se sientan inseguros o incómodos y ofrécete para escucharlos después de la partida si quieren contar algo.
- Escucha con atención y apertura, sin juzgar por tu experiencia vital, creencias o miedos. También cuando la respuesta sea incómoda o extraña.
- No manipules o reinterpretes sus palabras para llevarlos a un lugar determinado.
- Cuando sus respuestas no sean claras, anímalos a profundizar en su observación.
- Sugiere palabras que enriquezcan su léxico y faciliten una observación más detallada y sutil.
- Pon ejemplos de tu propia experiencia (acordes a su edad, circunstancias y madurez) que les ayuden a desarrollar recursos para describir sus experiencias.
- Tú mismo participas en el juego, como uno más, respondiendo las preguntas con sinceridad y expresándote tal como eres. Al mostrarte vulnerable, es probable que los niños se abran más fácilmente.

Respiración, cuerpo y movimiento

Al llevar la atención a tu cuerpo, a los sentidos y a la respiración, se crea un espacio natural para realizar una pausa y llevar la atención de nuevo al presente. Por ello, siempre comenzamos el juego con las posturas corporales.

Las preguntas de yoga están enfocadas a la percepción de las sensaciones corporales, a tomar consciencia del propio cuerpo, del movimiento, del espacio, de sus necesidades, sus potencialidades y sus limitaciones. Exploramos cómo nos relacionamos con las emociones y los pensamientos que aparecen cuando la postura nos resulta agradable o desagradable, sencilla o difícil, cuando aparece la exigencia, la comparación, las expectativas o el juicio hacia nuestro cuerpo o habilidad motriz, por ejemplo:

- ¿Qué notas/has notado durante el ejercicio?
- ¿Qué notas/has notado cuando deshaces la postura?
- ¿Qué partes de tu cuerpo han participado más activamente en esta postura?
- ¿Cómo está tu cabeza ahora (en relación con los pensamientos)?

- ¿Cómo te sientes ahora (en relación con las emociones)?
- ¿Lo que has notado/sentido/pensado, etc., ha ido cambiando durante el ejercicio?
- ¿Qué necesitas ahora?
- ¿Qué más quieres contar sobre esta experiencia?

En los capítulos anteriores encontrarás más información sobre yoga para niños y cómo llevar a cabo con atención, amabilidad y seguridad los movimientos que proponen las cartas.

Las **cartas de pausa** tienen una función similar: centrar la atención en el momento presente y tomar consciencia de cómo me siento. Las preguntas se centran en observar los beneficios de tomar un breve tiempo para regularte, centrarte o darte cuenta de cómo estás y lo que necesitas. Estas cartas pueden usarse separadamente del juego para comenzar o terminar el día, en las transiciones, cuando surge el malestar o simplemente porque apetece.

Palabras destacadas

Las palabras destacadas de la parte frontal de las cartas están relacionadas con la postura de yoga y con las reflexiones de la cara posterior, complementándolas, ya que es una propuesta abierta que podéis enriquecer en las partidas.

Algunos usos:

- Ampliar el léxico sobre el tema de la carta.
- Ofrecer perspectivas o profundizar en la reflexión.
- Permitir entrar en la conversación de manera más informal y abierta que la pregunta que se propone.

Pueden omitirse en partidas rápidas o cuando no hay tiempo para profundizar.

Pensamientos

Las preguntas se centran en el mundo de los pensamientos, el propio proceso de pensar y la influencia en el estado emocional y la conducta, por ejemplo:

- La capacidad de análisis, la planificación, la memoria, la creatividad.
- Los juicios, las creencias, la rigidez mental, las preocupaciones.
- Los pensamientos no siempre se corresponden con la realidad.
- Ampliar la perspectiva, el pensamiento crítico.
- Darse cuenta de cómo funciona el proceso de identificarte con tus pensamientos.
- Experimentar que el mismo mensaje o contenido puede generar en cada uno pensamientos distintos.

Cuando comparten pensamientos difíciles que les generan sufrimiento o malestar, podemos hacer una pausa de respiración como estrategia para tomar distancia y no quedar atrapados en ellos.

Emociones

Las emociones son estados que se desencadenan en la mente y el cuerpo ante un estímulo interno o externo. El miedo, la ira, la tristeza y la alegría nos indican si todo anda bien o si alguna cosa necesita de nuestra atención. Son como un radar que nos da pistas para protegernos, relacionarnos y cuidar mejor de nosotros mismos, y que podemos aprender a escuchar y regular.

- Reconociendo las emociones en tu cuerpo. Observando la relación de las emociones y las sensaciones corporales en forma de tensión/distensión, rigidez/flexibilidad, temperatura, nivel de energía, la forma de respirar, etc.
- Regulación emocional. Aprendiendo a reconocer, aceptar y dejar ir las emociones adecuada y proporcionadamente.
- Identificando las necesidades que hay detrás de las emociones.
- Siendo amables cuando nos superan y estableciendo estrategias conductuales y de autocuidado cuando estamos más tranquilos.

Podemos atender las emociones difíciles que generan sufrimiento o malestar mediante el movimiento y/o la pausa de respiración consciente.

Conexión y amabilidad

Las personas, seres, elementos y fenómenos de la naturaleza somos interdependientes y compartimos la necesidad de sentirnos tranquilos, seguros, de estar sanos, de ser respetados y amados. Cuando estas necesidades están cubiertas para todos, podemos experimentar la verdadera felicidad.

Nos centramos en reconocer y aceptar que todos somos seres vulnerables e imperfectos, que experimentaremos o causaremos dolor. Con ayuda de la atención y la amabilidad, podremos tomar mejores elecciones en cada momento.

- Comprendiendo que no siempre somos capaces de comportarnos según nuestros valores y que lo mismo les ocurre a los demás.
- Cultivando la comprensión, la confianza y la intención de actuar correctamente siempre que sea posible.

- Cultivando la empatía, la bondad y el deseo de bienestar para todas las personas, seres y cosas, incluyéndome a mí mismo.
- Tratándonos con cariño cuando las cosas no ocurran como habíamos previsto.
- Llevando bienestar al mundo, incluyéndome a mí mismo (autocuidado, acción y servicio).

Minijuegos

Los juegos propuestos en las cartas son un espacio de diversión y distensión, puedes explorar con tus propias preguntas si se da alguna situación que lo requiera o cuando quieras centrar la observación en los vínculos del grupo.

Presentación del tema

Los textos de presentación del tema funcionan como marco de referencia y vinculan las preguntas de cada carta a uno o varios temas. Puedes leer el texto antes de comenzar con el movimiento o, simplemente, omitirlo.

Aprende a preguntar y aprende a escuchar experimentando con las cartas.

¡COMIENZA
A JUGAR AHORA!

8

«TUS HIJOS NO SON TUS HIJOS»

SI YA HAS JUGADO CON LAS CARTAS, tal vez te hayas dado cuenta de que entre tú y los niños o los jóvenes no hay mucha diferencia. Independientemente de la edad, todas las personas experimentamos sensaciones de bienestar y de malestar en nuestro cuerpo, nos visitan emociones a veces muy intensas, aparecen muchos pensamientos que nos pueden abrumar o nos pueden preocupar. A veces, nos cuesta cuidarnos y cuidar a los demás y olvidamos fijarnos en las cosas pequeñas que ocurren en cada momento y que nos pueden traer tanta vida y felicidad.

Los niños miran a los adultos que tienen a su alrededor y sus educadores les sirven como referencia en su vida, porque absorben como esponjas lo que tienen cerca. Por eso, tu ejemplo en el día a día, con el mindfulness, les puede servir de inspiración.

Ayúdalos a que aprendan a conocerse y a que integren herramientas de autogestión. Acompáñalos en un viaje que les permitirá descubrir sus verdaderos talentos, su propósito de vida y aquellas cosas que les harán felices. En palabras de Rumi: «Deja que la inclinación en tu mano de arquero sea para la felicidad».

Tus hijos no son tus hijos,
son hijos e hijas de la vida,
deseosa de sí misma.
No vienen de ti,
sino a través de ti,
y aunque estén contigo,
no te pertenecen.
Puedes darles tu amor,
pero no tus pensamientos,
pues ellos tienen sus propios pensamientos.

Puedes abrigar sus cuerpos,
pero no sus almas,
porque ellos
viven en la casa del mañana,
que no puedes visitar,
ni siquiera en sueños.
Puedes esforzarte en ser como ellos,
pero no procures hacerles semejantes a ti,
porque la vida no retrocede ni se detiene en el ayer.
Tú eres el arco del cual tus hijos,
como flechas vivas,
son lanzados.
Deja que la inclinación,
en tu mano de arquero,
sea para la felicidad.

Poema de Khalil Gibran,
poeta, filósofo y artista libanés

9
COMUNIDAD
EL JUEGO
DEL AHORA

EL JUEGO DEL AHORA ES UN PROYECTO vivo que irá enriqueciéndose con consejos, materiales, nuevos usos y propuestas formativas, que podrás encontrar en www.juegodelahora.com.

Te invitamos a visitar esta web y explorar los contenidos y materiales descargables, como el tablero de juego o las fichas para colorear. Si deseas mantenerte informado acerca de las formaciones relacionadas con el libro y saber más sobre las aplicaciones en la escuela, la consulta o la familia, puedes seguirnos en Instagram en la cuenta @juegodelahora y suscribirte al boletín de *El juego del ahora* en www.juegodelahora.com/registrarse o escaneando el código QR:

Te animamos a escribirnos a info@juegodelahora.com para contarnos más sobre tu experiencia de juego o a compartirla en redes sociales con el *hashtag* #JuegoAhora.

SOBRE LOS AUTORES

LOS FUNDADORES DE Sloyu Mindfulness, Elisenda Pallàs y Joost Scharrenberg, son *coaches* sistémicos e instructores de mindfulness para niños y adultos en distintos protocolos internacionales (MBCT, MBSR, MCP, MES, SQP). Además, Joost es instructor titulado de yoga.

Durante cinco años han sido formadores y supervisores de instructores infanto-juveniles de mindfulness de la Academy for Mindful Teaching en España y Portugal (el método del libro *Tranquilos y atentos como una rana*).

Sloyu Mindfulness nació en 2011 con el objetivo de promover el cultivo de la atención y la consciencia en los individuos, en las organizaciones y en la sociedad, para crear un mundo más sostenible, amable e inclusivo.

Para ello, ofrecen formaciones a particulares y profesionales, desarrollan contenidos editoriales y digitales, organizan eventos, acompañan a personas y asesoran a entidades en sus procesos diagnósticos y de transformación.

Puedes saber más sobre Sloyu y su agenda de cursos visitando su página www.sloyu.com.

RECURSOS

EXISTEN INNUMERABLES RECURSOS para practicar mindfulness y yoga, tanto para iniciarse y profundizar en su práctica como para enseñarlo a niños y jóvenes, en casa y en la escuela. Dada la diversidad de contenidos y orientaciones, te animamos a explorar por ti mismo aquellos que se adaptan mejor a tus necesidades.

Para iniciar tu búsqueda, puedes comenzar visitando la lista de recursos en la web (www.juegodelahora.com/recursos). Encontrarás recomendaciones actualizadas de libros, juegos, cuentos y poemas, meditaciones, aplicaciones, entrevistas y conferencias, cortometrajes y películas, investigación científica y mucho más.

Te ofrecemos una selección de algunos de nuestros libros favoritos, que también pueden ser útiles para iniciar tu viaje de descubrimientos.

- *Mindfulness para principiantes*, de Jon Kabat-Zinn, Editorial Kairós.
- *Los beneficios de la meditación*, de D. Goleman y R.J. Davidson, Editorial Kairós.
- *Padres conscientes, hijos felices*, de Jon y Myla Kabat-Zinn, Editorial Faro.
- *El cerebro del niño*, de Daniel J. Siegel y Tina Payne Bryson, Editorial Alba.
- *El niño atento*, de Susan Kaiser Greenland, Desclée de Brouwer.
- *Tranquilos y atentos como una rana*, de Eline Snel, Editorial Kairós.
- *Respira*, de Inés Castel-Branco, Editorial Akiara.
- *Luz sobre el yoga*, de B.K.S. Iyengar, Editorial Kairós.
- *Sentados sobre un pollo*, de Michael Chissick , Editorial Kairós.

AGRADECIMIENTOS

NOS SENTIMOS FELICES Y AGRADECIDOS de que este libro-juego sea una realidad y de que nuestro trabajo esté disponible para tantas personas. Agradecidos también por lo que vivimos en el camino que nos ha llevado a esta creación y a todas las personas que se cruzaron en él, enriqueciendo nuestra experiencia y con ello, también, de alguna manera el libro-juego.

Gracias a Agustín, Ana, Isabel, Anna y el resto del equipo del Editorial Kairós, que han hecho posible que este proyecto esté hoy en tus manos y con quienes compartimos nuestro amor por la lectura y el crecimiento personal. A Miguel, por ilustrar nuestras cartas y libro.

A Celeste, que con su energía y creatividad nos ayudó a centrar y arrancar este proyecto.

A Elisa, Amelia, Katy y Mònica, que muy generosamente no dudaron en ningún momento en echarnos una mano en el proceso de creación, aportando sus valiosos comentarios.

A los participantes de todas las edades que han estado en alguna de nuestras charlas, conferencias y formaciones, cocreando conocimientos y experiencias para desarrollar la mejor versión de cada uno.

A las escuelas, instituciones educativas y fundaciones con las que hemos colaborado y aprendido juntos.

A las personas sabias que, cuando estuvimos listos para aprender, se presentaron en nuestras vidas para enseñarnos yoga, qigong, meditación, mindfulness y tantas cosas más.

En especial, a nuestras familias y amigos, que a lo largo de estos años ofrecieron su paciencia y amor, acogiendo tanto los momentos bonitos como los más difíciles.

editorial **K** airós

Puede recibir información sobre
nuestros libros y colecciones inscribiéndose en:

www.editorialkairos.com
www.editorialkairos.com/newsletter.html

Numancia, 117-121 • 08029 Barcelona • España
tel. +34 934 949 490 • info@editorialkairos.com